小故事

那些发生在秦汉时期的

中国地图出版社 编著

历史

中国地图出版社
·北京·

图书在版编目（CIP）数据

那些发生在秦汉时期的历史小故事 / 中国地图出版
社编著 . -- 北京 ：中国地图出版社，2023.7
ISBN 978-7-5204-3378-5

Ⅰ . ①那… Ⅱ . ①中… Ⅲ . ①中国历史－秦汉时代－
儿童读物 Ⅳ . ① K232.09

中国版本图书馆 CIP 数据核字 (2022) 第 247609 号

策　划　孙　水
责任编辑　杜金璐
编　辑　郝文玉
美术编辑　徐　莹
插画绘制　原琳颖

NAXIE FASHENG ZAI QIN-HAN SHIQI DE LISHI XIAO GUSHI
那些发生在秦汉时期的历史小故事

出版发行	中国地图出版社	邮政编码	100054
社　　址	北京市西城区白纸坊西街 3 号	网　　址	www.sinomaps.com
电　　话	010-83490076　83495213	经　　销	新华书店
印　　刷	保定市铭泰达印刷有限公司	印　　张	7
成品规格	165　mm×225　mm		
版　　次	2023 年 7 月第 1 版	印　　次	2023 年 7 月河北第 1 次印刷
定　　价	29.80 元		
书　　号	ISBN 978-7-5204-3378-5		

目 录

_{shàn}封禅大典

　　泰山（号称东岳，又称岱山、岱岳、岱宗）一带戒严了。一队队秦军将这里团团围住，众士兵全都打起十二分精神，不断扫视着周围。山脚的南侧，一块平地上站着形形色色的人——有穿戴朝服的大臣，有掌握仪仗的侍从，还有执戈挺立的亲兵。他们整整齐齐地站在四周，中间是

地理扩展

泰山

　　"五岳"之首，在今山东省中部，绵延起伏于济南、泰安之间，长约200千米。主峰玉皇顶在泰安市北，海拔1532.7米。泰山是世界地质公园、国家级风景名胜区，还是世界自然和文化双重遗产。

名人简历

嬴政

即秦始皇。他是战国时秦国的国君、秦王朝的建立者，于公元前246年—公元前210年在位。他派兵灭六国，建立了中国历史上第一个中央集权的封建国家。为改善全国陆路交通系统，他命人修建驰道、直道及我国第一条从中原大地通往云南边境的官道——五尺道。有了五尺道，中央王朝才开始对西南夷进行了一系列的开发。为巩固疆域，嬴政派兵北击匈奴，筑长城，南定百越。为禁锢思想，嬴政命人焚烧过去各国的史书、藏于民间的儒家经典及诸子书籍，坑死以古非今的方士和儒生四百六十多名。在他的统治下，秦王朝刑律严苛，租役繁重，民众痛苦不堪。他死后不久，国内就爆发了大规模的农民起义。

好大一片空地。

空地的中心，一人身着冕服，静静地仰望着巍峨的泰山。这便是嬴政（公元前246年即秦王之位，公元前221年统一六国）——之前的秦王、如今的皇帝。

嬴政一行不远千里，巡游至此，为的是"封禅"一事。

所谓封禅，是上古帝王祭拜天地的典礼，十分隆重。

"封"，即在泰山之巅（diān）向上天祈福的仪式。"禅"，即在附近小山向大地祷告的仪式。若非有一番大作为的君主，是没有资格举行封禅仪式的。春秋时代，齐桓公（huán）（春秋时齐国君，即位后任用管仲进行改革，国力富强）"九合诸侯，一匡天下"，成为"春秋五霸"之首。连他这样的君王，都因管仲的劝止，而没有举行封禅大典。

嬴政握着腰间宝剑，在迎面而来的微风中想起了往事：十年（公元前230年—公元前221年）的时间里，秦国先后灭掉了韩、赵、魏、楚、燕、齐六国，结束了几百年的战乱，天下一统。公元前221年，在秦王宫内，他为自己取尊号"皇帝"。由此，嬴政自称"始皇帝"，又规定后世称"二世""三世"，至于万世，无穷无尽。他又以十月为岁首，数以六为纪，将天下划分为三十六郡……以上种种举措都是嬴政的宣言：新兴的秦朝是一个强大、稳固的王朝。这次举办封禅大典，自己是当得起的！

"陛下，"一名内侍轻手轻脚地走近嬴政，声音虽细却很清楚，"儒生七十人都已到齐了。"

听了这话，嬴政结束了回忆，转身接见来自齐（即战国时齐地，包括今山东省泰山以北黄河流域和胶东半岛地区）、鲁（即春秋时鲁地，包括今山东省泰山以南的汶、泗、沂、沭水流域）两地的儒生。

在侍从的招待下，七十名儒生席地而坐，其中不少人喋喋不休，似乎在辩论什么。

环境嘈杂，嬴政的脸上浮现出一丝不易被察觉的厌恶之情。这是因为，在秦国故地，若皇帝出席某个场合，不仅士兵、侍从要肃立，就连大臣们也都站得端正。没有命令，任何人不得随意走动、交头接耳，可见嬴政治国、治军是多么严厉。

尽管众儒生如此轻慢自己，嬴政还是耐着性子，向他们

地理扩展

齐鲁

山东省的别称，因该省为古时齐、鲁二国所在地而得名，又称"齐鲁大地"。

请教封禅大典的具体流程。

"陛下，"一名年轻的儒生站起来，答道，"您应该仿效古代帝王，在乘车上山前，命人用蒲草包裹车轮，以防伤及沿路的草木，显示陛下爱护万物的仁心。"

"陛下，"这次是一名中年儒生，他说，"您应该命人将祭坛打扫干净，并用去皮的藁^{gǎo}草编织卧席，以示陛下躬行节俭的诚心。"

话音刚落，众儒生再次议论起来，而且不时有人站起来对嬴政说上一两句。看着七嘴八舌的儒生，听着各式各样的建议，嬴政十分烦躁。他想，难道封禅大典就没有一套标准的实施方案吗？

的确没有。对于天下人来说，有关封禅的记忆都是遥远而模糊的。自周平王东迁〔周幽王死后，东方诸侯拥立平王，西方王室旧臣拥立携王，后携王被杀，两王并立局面结束，平王遂在多方辅助下迁到东部雒^{luò}邑，今河南省洛阳市，自此历史进入东周〕以来，华夏大地陷入列国纷争的战火中。在这礼崩乐坏的时代，再也没有哪一位君主有足够的威望举行封禅大典，以至于一向重视礼仪的齐鲁儒生也对具体的流程各执一词。

延伸阅读

礼崩乐坏

古时，制礼以为社会道德、行为的规范，制乐以为教化的规范。春秋时期，随着宗族政治的日趋解体，传统的礼乐制度也难以继续维持，出现了"礼崩乐坏"的局面。到了战国时代，法律制度普遍建立，从而取代了礼乐的地位，成为维护新的政治秩序的工具。

赢政毕竟是灭六国、定天下的始皇帝，有超越常人的果敢和睿智。在很多情况下，将复杂的问题简单化是一种进步的表现，过分拘泥于古法反而让人裹足不前。之前，赢政下令全国统一文字、车轨、度量衡等，就是最好的证明。

他果断地搁置了众儒生的建议，决定参照秦国先王在雍（今陕西省宝鸡市凤翔区西南）祭祀天帝的仪式，来举行这次封禅大典。

到了吉日，赢政一行沿着泰山南侧的山路登顶。在山风的吹拂下，众人的衣袂翩翩飘起，大有羽化成仙的感觉。

"封"礼在泰山之巅举行。山巅的巨石上，嬴政命人刻字纪功，为万世称颂。

祭天完毕，嬴政一行沿着泰山北侧的山路下山，中途遭遇暴风雨，他躲在一棵树下，后来封此树为"五大夫"。

古代常识

五大夫

爵名，秦汉时代二十等爵制的第九级。

"禅"礼在离泰山不远的梁父山（今山东省泰安市东南，又名"梁甫山"）举行。

封禅大典之后，嬴政一行踏上巡游天下的路程。一路上，他留下了许多刻石，想要通过这些石刻来永远记录秦王朝不可磨灭的丰功伟绩。

沙丘之变

秦始皇执政的第三十七年（公元前210年），正值炎

夏，嬴政(yíng)的车队在返回咸阳（今陕西省咸阳市东北）的路

上。七月丙寅(yín)日之后，在皇帝所乘辒辌(wēnliáng)车的上空，一群聒(guō)噪

的乌鸦盘旋了好几天，怎么也驱不尽。

早在平原津（今山东省平原县西南）时，随行的大臣就

听说嬴政患病，但因他忌

讳死亡一事，所以大家都

不敢言及"死"字。而且

这些天来，嬴政在饮食、

理政方面一如往常，所以

大家对乌鸦的异常行为作

了积极的解读：有人说，太阳是一只三足金乌，这群乌鸦或许是太阳的信使，表示大秦有光明的前景；有人说，大秦崇尚黑色，这群乌鸦或许是秦人先祖的化身，要为国家降下福祉（zhǐ）；还有人说，乌鸦或许是来保佑陛下的，看来他就要康复了。

其实，众臣说的都不对。乌鸦嗅觉灵敏，常食腐肉。这群乌鸦之所以围着辒辌车不走，是因为车内有一具死尸——嬴政已于七月丙寅日崩于沙丘（今河北省广宗大平台、前后平台一带）。皇帝死亡的消息被严密封锁起来，只有随行的皇子胡亥（hài）、丞相李斯、中车府令赵高及五六名近侍宦官知晓。而辒辌车中的"皇帝"其实是近侍宦官假扮的，这一切都是李斯等人的安排。

李斯认为，嬴政生前没有正式册立太子，他人一旦知晓皇帝死于巡游途中，恐怕会趁机作乱，所以才秘不发丧。当时，秦将军蒙恬（tián）统兵于上郡（今陕西省榆林市东南），皇长子扶苏在当地监军。嬴政临逝时，留有遗诏，命扶苏接诏后即刻回咸阳主持葬礼，其实就是默认扶苏继位的合法性，但他还未派使者传诏就已去世，而诏书和玉玺都落在赵高手中。

然而，赵高并没有尊重嬴政的遗愿：他扣下诏书和玉玺，打算拥立胡亥继位。赵高曾教授胡亥法律条令，深知这位皇子是个庸人。胡亥若能即位，定会将大权交由自己掌控，那时不要说荣华富贵，控制皇帝亦将易如反掌！

天气闷热，两名内侍正在帐中为胡亥扇风。胡亥闭着眼，一脸享受的样子。这时，赵高进入帐内，令两名内侍退出，还令一名心腹在帐外把守，防止有人突然闯入。

赵高拿起蒲扇，一边为胡亥扇风，一边怂恿道："殿下，您应该清楚眼下的形势，先皇生前并未册封众皇子为王，却单独留遗诏给扶苏，这用意再明显不过了。扶苏一旦到了咸阳，就会即位，届时您连一尺一寸的封地都没有，可怎么办呢？"

"本该如此啊。"胡亥的语气很平静，"我听说，知臣莫如君，知子莫如父。父皇生前不册封诸位皇子，我能有什么办法？"

"老奴不这样看。"赵高又说，"如今这天下大权，是握在殿下、老奴和丞相三人手中的。称君或称臣，钳制他人

11

或受人钳制，难道可以同日而语吗？"

胡亥听了，心有所动，但嘴上还在犹豫："废长立幼，是不义；不奉父皇遗诏，是不孝；缺乏才干，还要依靠别人谋求帝位，是无能。就凭这三件大逆不道之事，天下人都不会拥戴我称帝。这样做不但会给自己惹来杀身之祸，还会危及大秦的江山社稷（jì）！"

赵高并未放弃，继续说道："老奴听闻，商汤和周武王都曾推翻他们的君主，可天下人却认为这是正义之举。卫国（都帝丘，今河南省濮（pú）阳县东南）国君曾弑（shì）父，却得到卫国百姓的拥戴，就连孔子都认可卫君的行为。殿下是做大事的人，不必过分在意小节。如果因顾忌小事而误了大事，反而会惹来灾祸。在紧要关头犹豫不决，日后必然悔恨。殿下尽管放手去干，这事儿一定能成！"他边说，边放慢摇扇的速度，这让胡亥犹豫的心躁动起来。

沉默了好一会儿，胡亥长叹一声："师父所言有理，可眼下还未发丧，葬礼也未举行，恐怕不宜用这件事去麻烦丞相！"

赵高此时已成竹在胸：胡亥的权欲、贪念已被勾起，只要说服李斯，篡位之事就算成了！至于拉拢李斯的说辞，他早想好了。赵高越想越起劲儿，便对胡亥说："事不宜迟，老奴现在就去说服丞相！"

　　丞相帐内，李斯独自埋首于公文中。刚准备小憩^{qì}，他就听见赵高在帐外求见。

　　"赵大人请进！"李斯微闭着眼，蒙眬中见赵高竟似鬼魅^{mèi}般悄无声息地飘进了帐内。李斯警觉地睁开双眼，看到赵高两手端着一方托盘，上面摆着一只玉壶和两樽^{zūn}玉杯。

　　"丞相大人好辛劳啊！"赵高躬身一拜，环顾帐内，见无他人，便走到书案旁，将托盘放在案上，低声道，"属下前来，是有要事和丞相商议。先皇驾崩前，独给皇长子留有遗诏，命扶苏回咸阳主持葬礼。那么，先皇的用意就很明白了。眼下，遗诏和玉玺都在属下处，要立哪位皇子为太子，全凭丞相和属下的一句话，不知丞相怎么看？"话音未落，赵高已在两樽玉杯中倒上了酒，只见杯中酒都未满，各空了一小半。然后，他将其中一樽推向李斯。

　　李斯马上明白了赵高的谋逆之意。他看着赵高皮笑肉不笑的样子，心里一阵恶心，自然不会去接赵高推来的酒，而

是斥责道：“赵大人这么说，简直是要祸国殃民！这不是我们做臣子的该讨论的问题！”

赵高听了，非但不恼，反而厚着脸皮继续说道：“丞相自认为，与将军蒙恬相比，谁的才能更大？谁的功劳更多？谁的谋略更深？谁在天下人心中的威望更高？谁与扶苏的关系更近？”

“在这五个方面，我都不及蒙恬，但赵大人何必苛求于我呢？”李斯不耐烦了。

“想我赵高，原本只是一个普通宦官，”赵高先将自己那半杯酒饮了，接着又从玉壶中斟^{zhēn}了些许，说道，"因熟悉典狱文书，才有幸步入朝堂，参与政事二十多年。这二十多年来，我还从未见过哪一位有封爵的秦国丞相，在被罢免后能将封爵传给下一代的，他们全都落得被杀的下场。先皇的二十余位皇子中，扶苏为人刚毅勇武，深得人心，确实可以即位。可是，他即位后定然会任蒙恬为相，到时候您能否功成身退？这很难说！我教导胡亥读书有好几年了，还从未见他有什么过失。胡亥心慈爱民，敦厚轻财。虽然不善言辞，但他内心纯正，礼数周到，这是其他皇子不能比的！无论从哪方面看，胡亥都有资格即位，望丞相认真考虑！"

"赵大人请回吧！我李斯奉先皇遗诏行事，遵从上天的旨意，从不算计其他事情！"李斯的立场十分坚定。

赵高继续游说："安危没有定数。在安危面前不早作决定，怎么能算是圣明的人呢？"

"以前，我李斯只是上蔡（今河南省上蔡县西南）一布衣，承蒙先皇赏识，得以升任丞相，贵封侯爵，李家子孙皆有高官厚禄。先皇如此恩遇，我怎能辜负他身后重托？！请您不要再说了，不要让我跟着犯罪！"李斯的内心已被愤怒掀起了波澜，他把自己面前的酒杯推了回去，以示无意与赵高同流合污。

赵高仍不罢休，将自己杯中的酒倒入李斯未满的酒杯中。待满杯后，他再次将玉杯推向李斯，说道："我听闻，圣人知道随机应变，在细节处窥见事物的根本，通过事物的发展趋势能预测其归宿。天下从来没有一成不变的道理！如今，天下人的命运都在胡亥手中，而他愿意听我的话，所以我才来找丞相商议。丞相，霜降之时花草凋零，冰雪融化之时万物复苏，这是天地间的法则，您说是不是这个道理？"

李斯看着面前的玉杯，见里面映出自己摇摆不定的面容，心绪越发紊乱。他略沉默了会儿，继续辩驳："从前，晋国（都绛^{jiàng}，今山西省翼城县东南）更换太子，导致国内大乱；齐桓^{huán}公兄弟争位，而手足相残；纣王^{zhòu}昏庸无道，杀害亲人。这三件事都是违背天道人伦、危害社稷的先例！我李斯怎能参与这谋逆之事呢！"说完，李斯站起来，踱到一旁，背对着赵高，不想再面对他。

这时，赵高端起满酒的玉杯，走到李斯背后，说道："丞相是个聪明人，自当了解，君上臣下齐心协力，朝堂内外同心同德，国家才能长治久安。丞相如果听属下所言，必将安享尊荣，惠及子孙。若丞相不听，日后一定祸及子孙，到时后悔也来不及了！聪明人能够转危为安，该怎么选择，丞相您看着办吧！"

李斯挥泪长叹，说道："怎奈生逢乱世，既然不能以死尽忠，又该如何寄托我的命运呢！"说完，他扭着身子，接过赵高奉上的玉杯，和着眼泪一饮而尽。

丞相李斯妥协了。

很快，胡亥的门客带着一封印有玉玺的伪诏，从沙丘行营前往上郡军营。通过诏书，胡亥、赵高、李斯先是诬陷扶苏不孝、蒙恬不忠，接着宣告要赐死他们二人！接诏后，蒙恬怀疑诏书的真实性，劝扶苏不要轻信，而是上书皇帝，以验明诏书的真伪。然而，扶苏恪（kè）守为人子、人臣的本分，并未理会蒙恬的劝告，而是在悲痛之中含恨自尽。蒙恬则被关押于阳周（今陕西省子长市西北）的监狱中，后来在赵高等人的逼迫下自杀身亡。

在赵高、李斯的支持下，胡亥回到咸阳，继承帝位，史称"秦二世"。不久之后，秦王朝就在农民大起义的狂风暴雨中分崩离析了。

延伸阅读

大泽乡起义

秦二世元年（公元前209年）秋，秦朝政府征发贫民屯戍渔阳（今北京市密云区西南），戍卒九百人行至蕲县大泽乡（今安徽省宿州市东南）时，遭遇大雨，不能如期到达。依秦法，过期斩首，屯长陈胜、吴广组织戍卒，杀死押解的将尉，举行起义。这一事件敲响了秦王朝的丧钟。

巨鹿之战

　　秦军围城数月，困守在巨鹿城（今河北省平乡县西南）内的赵军到了崩溃的边缘。战况不利，铜铁般的城墙裂开了好几道口子，崩坏折损的甲盾箭戟不堪再用。物资奇缺，伤兵因无药石而痛苦死去，仓内余粮更是所剩无几。隆冬将至，饥寒交迫的赵军将士无奈地守在城头，于绝望中苦等四方救援。

　　秦二世元年（公元前209年）秋，陈胜、吴广拉开了反秦起义的序幕。两年来，起义还从未像现在这样陷入低潮。为了救援赵军，各路起义军早已到达巨鹿周边，却因畏惧秦军而不敢交战。

　　与各友军一样，楚军也在援军之列。这支军队的最高统帅，是楚上将军宋义。宋义认为，秦军攻打赵军，如果得胜，必然疲敝，到时楚军趁机进攻，可获全胜。基于这样的考虑，楚军已在安阳（在今河南省北部，邻接河北省）停驻多日。见巨鹿城危在旦夕，次将项羽向宋义进言，希望楚军主动进攻。宋义不但驳回了项羽的意见，还下达严令：军中如有人违令进攻，一律斩杀。

一日清晨，楚军大营，帅帐处突然传出军鼓声。鼓声渐消之时，帅帐前已挤满楚军将士，他们怔怔地朝帅旗下望去。

帅旗下站着的，竟不是宋义，而是项羽。项羽素以勇

延伸阅读

楚国复国

陈胜、吴广起义后，旧楚国大将项燕的儿子项梁与其侄项羽在吴县（今江苏省苏州市郊）起义。后来，项梁叔侄率起义军渡江西进，闻陈胜牺牲，便听从谋士范增之计，拥楚怀王之孙熊心为"楚怀王"（都盱台，今江苏省盱眙县东北）。项梁曾率军击败秦将章邯，但因轻敌，在定陶（今山东省菏泽市南部、万福河上游）战死。此后，项羽继承了项梁的事业，继续带领楚军反秦。

猛无畏闻名，是旧楚国大将项燕之后。这时，他挺立于帅旗下，正要发号施令。

"宋义小人！"项羽声如洪钟，"他勾结齐人，意欲谋反！我接到大王（"楚怀王"）的密令，已将宋义斩首！"

逢此大变，在场的众将士无不惊骇，但他们马上就高兴地接受了这一现实。原来，宋义为人自私、狭隘，将士正在挨饿受冻，他却置若罔闻，反而躲在帐内，与一帮高官饮酒作乐。对此，大家敢怒不敢言，现在有人铲除宋义，大家纷纷表示："我大楚能够复国，项将军一家居首功。现在，项将军将反贼正法，又是大功一件。军中不可一日无帅，请将军即刻就任代理上将军，某等任凭将军差遣！"

不久，楚王正式任命项羽为上将军。然后，项羽命楚将蒲将军等率两万精锐士卒，先行出发，救援巨鹿城，自己则亲率主力部队，随后赶到。

巨鹿城南，位于棘原（今河北省平乡县西南）的秦军大营内，一名探子正骑马奔向帅帐。

"确是楚军？"秦军主将章邯吃惊地询问。

古代常识

甬道

　　两旁有墙的驰道或通道。

　　"小人看得真切，定是楚军无疑！"探子继续说，"约有两万之众，正直扑我军甬道而来！"

　　章邯听了，越发感到震惊，因为楚军的这一动作打乱了他的战略部署。围城战首重军需，章邯修筑了一条直通黄河的甬道，可通过这甬道源源不断地为围城秦军输送粮草。眼看城破在即，章邯对项羽阵前夺帅的情报根本没放在心上，更不曾料到他竟能准确地洞察战场形势，并作出针对性的部署。

　　章邯坐不住了，他立刻派兵增防甬道。但经过几番交战，楚军前锋还是击败秦军，暂时切断了甬道。与此同时，项羽率领的楚军主力到达漳水（有清漳水、浊漳水二源，均出山西省东南部，在河北省南部边境汇合后称漳河，其河道古今变迁较大）东岸，河对面不远处便是巨鹿城。

　　赵将陈余驻军巨鹿城北，此前曾派五千士卒进攻围城秦军，却无一人生还。各路起义军闻讯，更加畏惧秦军，有些队伍的将领甚至产生了撤退的想法。

　　面对这一情况，项羽陷入了沉思：要解巨鹿之围，友军是指望不上的，能依靠的只有自己的数万楚军。现在，秦军甬道被断，如果不趁此良机全歼敌军，一旦章邯打通甬道，反秦力量又将陷入

常用成语

破釜沉舟

釜，中国古代炊器。比喻下定决心拼到底，决不后退。

被动！围城秦军虽已断粮，但兵力明显优于楚军。楚军要在短时间内彻底击破敌军，只有死战一条路！

不久，楚军渡过漳水，到达西岸。这时，项羽发布了一道令人震惊的军令：凿沉渡船，砸烂炊具，烧毁营帐，所有将士每人只带三天的干粮。

项羽断绝了楚军的所有退路，向全体将士宣示：此战若不取胜，则绝无生还的可能。楚军必与秦军拼死一战！

很快，楚军排成了圆形的军阵。一身甲胄、跨在乌骓马(zhòu)(zhuī)上的项羽目光坚毅，望向秦军。接着，他立马阵前，并发出号令："前——进——"

于是，那圆形的军阵快速逼近巨鹿城外的秦军。

围城秦军的将领是王离。此前，他已探明楚军动向，并想好了应敌之策。王离命人抽调出精锐士卒，又竖起秦军的金字黑色大旗，并以此为中心，按照军种，把精兵组成正

方形军阵。军阵的最外围，全都是弓弩手。秦箭强劲，天下共知，无论楚军从哪个方向进攻，只要他们踏入弓弩射程之内，都难以逃脱箭雨的攻击！

然而，楚军竟冲着秦军的弓弩手，发起了正面进攻！

王离望见楚军的阵形，不禁笑了。他想，这圆阵是防守之阵，岂能进攻？项羽不学无术，白白让楚军送死！

"射——"待楚军渐渐逼近，王离军旗一挥，秦军万箭齐发！

"守——"楚军的最外围全是盾牌手，盾牌与盾牌严丝合缝，整个军阵就像龟甲一般！

"缓——进——"紧接着，楚军顶着箭雨缓步前进。

"合——"秦军的所有弓弩手全部集合至前阵，朝着渐渐逼近的楚军发起更加猛烈的射击。

"分——"楚军的前阵向两侧延伸，形成一个"月牙"，全军则变成了半月形军阵。军阵的最外围，仍由盾牌兵占据，他们承接了所有猛射而来的箭雨。

突然，秦军右翼一阵惊叫，原来楚军的重甲骑兵组成锥形阵，直冲而来！趁大军变阵之时，方才藏于"龟甲"之中的楚军重骑重新编队，从左翼冒出。项羽一马当先，亲自率队冲锋。

秦军右翼无弓弩手保护，楚军骑兵如入无人之境。未等秦军整队合围，项羽已率众骑兵直杀入秦军阵正中心，他的目标是那面金字黑色大旗！项羽单骑突进，把那面大旗的旗杆拦腰斩断！倒下的旗杆重重地砸向前阵的秦军弓弩手，秦军众将士不禁发出惊惧之声。

常用成语

作壁上观

壁，营垒。双方交战时，第三方只站在壁垒上观望，不介入冲突中。比喻坐观成败，不帮助任何一方。

"攻——"趁秦军阵形被冲乱之际，楚军发起总攻。一时间，楚军杀声震天，以一当十，已成排山倒海之势！

经过九次交锋，数十万围城秦军被数万楚军击溃，王离被俘。见此情景，各路友军都被吓破了胆，作壁上观。战后，项羽召见友军主将时，那些将领颤抖着在辕门处跪下，膝行前进，无一人敢和项羽对视。

巨鹿一战，楚军名震天下，项羽顺理成章地成为起义军的领袖。

鸿门宴

残冬腊月，关中大地（今陕西省中部，秦岭与陕北黄土高原之间），驻扎在鸿门（今陕西省西安市临潼区东北）的项羽大军正在休整。不久前，为攻破函谷关（今河南省灵宝市东北），

延伸阅读

历史上的关中

西周、秦朝、西汉、唐朝对中国的今天产生了绵绵不绝的历史影响。它们有一个重要的共同点：全都建都于关中地区。宋代以前，关中地区是中国历史舞台的中心之一，对中华民族、中华文明的形成和发展具有重要的推动作用。

名人简历

项羽

反秦起义军首领，字羽，名籍，下相（今江苏省宿迁市西南）人。秦二世元年（公元前209年），项羽和叔父项梁在吴县（今江苏省苏州市郊）起义。后来，项梁战死，秦将章邯围困赵军于巨鹿。楚怀王任宋义为上将军，项羽为次将，率军救赵。宋义到安阳（在今河南省北部，邻接河北省）逗留不前，项羽杀死宋义，破釜沉舟，在巨鹿之战中摧毁秦军主力。秦亡后，他自立为"西楚霸王"，并大封诸侯王。楚汉战争中，他被刘邦击败，自杀于乌江（今安徽省和县东北）。

这支队伍和刘邦的军队打了一仗，但此时毫无疲惫的迹象。营地上，旌旗猎猎，剑戟耀目，四十万大军如觅食的猛虎般紧盯着刘邦军的驻地霸上（今陕西省西安市东）。号令一出，他们便要扑向那里的十万士卒。

鸿门帅帐里，威名显赫的项羽端坐正中，手握利剑。他一边仔细端详着地图，一边和身旁年长的谋士商量着什么。不久，一人自帐外来到帐中。来人自称是刘邦左司马曹无伤的使者，为帮助主人投靠项将军，要向他出卖绝密情报：

"刘邦想要当关中王！"项羽听后，脸色陡变。

"且退下！"这低沉的声音出自项羽身旁的谋士——被尊为"亚父"的范增。待来人走后，范增对项羽说："将军，根据我们的谍报，此人所言非虚。刘邦在关中一反常态，不爱珍宝，不近美色，可见他野心不小，愿将军赶紧击灭他。"

在项羽看来，刘邦的那点儿军力根本不值一提。对方是靠钻空子、捡便宜才率先进了咸阳（今陕西省咸阳市东北）。刘邦是出身低贱的泗水亭（今江苏省沛县东）长，竟敢妄自尊大？自己乃楚国名将后裔，战功卓绝，勇冠三军，要称王称霸还轮不到他刘邦！

"传军令！"这一声是吼出来的，项羽已怒不可遏，"明日一早，大军饱餐，待我号令，消灭敌军！"

月黑风高，北风呼啸。在鸿门西面的霸上军营里，也许是天气寒冷，也许是内心惶恐，刘邦的士兵都在瑟瑟发抖。某营帐内，火炉中的木炭已燃尽，借余温取暖的谋士张良正在思考函谷关失守后刘邦军的战略。突然，一人悄无声息地闯了进来。张良定睛一看，原来是项羽的叔父项伯。

"张良兄弟，快跟我走！明日一早，项将军的四十万大军就

名人简历

刘邦

反秦起义军首领，字季，名邦，沛县丰邑中阳里（今属江苏省丰县）人。秦末，刘邦任泗水亭长。陈胜、吴广起义后，他起兵响应，自称"沛公"，属于项梁集团。公元前207年，趁项羽在巨鹿（今河北省平乡县西南）与秦军交战之际，他率先通过武关（今陕西省丹凤县东南），占领咸阳，推翻秦朝统治。同年，项羽入关，分封诸侯，刘邦被封为"汉王"。此后，他与项羽进行了长达五年的"楚汉战争"，最终于公元前202年击败对手，建立西汉王朝。

要杀奔这里！"

"如此说来，沛公面临绝境。我应当与他同患难，绝不能弃之而去！"张良边说，边走向刘邦的营帐。

大帐内，刘邦听了项羽的进攻计划，顿时面如死灰。他沉默了一会儿，将期待的目光投向了张良："事到如今，你有什么办法吗？"

"主公，您觉得我们的兵力可以与项羽对抗吗？"张良明知故问，是为了使刘邦认识到，想要化险为夷，只能智取。

刘邦又是一阵沉默，说道："咱们不是人家的对手，这可怎么办？"

"项羽的叔父项伯就在我的营帐中。"张良从容答道，"请主公见他一面，说自已绝不敢背叛项将军。"

"你怎么会认识项羽身边的人呢？"刘邦满面狐疑，他感觉军中出了叛徒，但没查到具体的人。此刻，他已开始怀疑张良。

"秦朝统治的时候，臣曾救过他。现在情况危急，他特地来报答恩情。"张良消除了刘邦对自已的猜忌，刘邦便让张良请项伯前来相见。

"项伯兄年长于我，就让我尊称您为兄长吧。我和您一见如故，如果您不嫌弃，咱俩就结为儿女亲家！"刘邦对项伯说。

刘、项两人互敬了好几杯酒，越喝越高兴。

"项伯兄，您知道吗？我是有委屈的。"刘邦突然哽咽了，"我在关中，不但秋毫无犯，还给百姓登记户口，封闭秦朝的府库，等待项将军前来。至于派兵把守函谷关，是为了防备盗贼和意外情况！我日夜恭候项将军，哪里敢造反呢？希望项伯兄把真实的情况转告项将军。"

项伯听了，满口答应，并说："既然是一场误会，您要明日一早亲自到项将军面前说明情况。"随后，项伯便返回鸿门营地。

见到项羽后，项伯说："如果不是沛公先进入关中，我们怎么能这么快进入呢？人家立了大功，你却要攻打他，这是不义的行为。明日一早，沛公会亲自前来谢罪，我们不如好好地招待他。"

骄傲自满的人最在意别人对自己的看法。项羽认识到，自己可能误会了刘邦，攻打他会遭人唾骂，便想取消早前的军令。范增阴鸷（zhì）的双眼看出了项羽的犹豫。他赞同项伯的提议，却又怂恿项羽，在宴会上找个理由除掉刘邦。

冬日的黎明来得晚，可刘邦却到得早。天仅微亮，他就在张良、樊哙（kuài）等百余人的护卫下来到鸿门。一见面，刘邦便毕恭毕敬地向项羽解释道："臣与将军合力攻打秦军，将军在黄河以北作战，臣在黄河以南作战。臣未曾想到，自己能先到达关中，并在这里见到将军。眼下，居然有小人挑拨臣和将军的关系！您可一定不要上当受骗啊！"

项羽见刘邦卑躬屈膝的样子，气已消了一大半，得意感涌上心头，想也不想就说："这都是你的部下曹无伤跟我说的。要不是受了他的蒙骗，我何至于误

常用成语

鸿门宴

指主人借机加害客人的宴会。

会你啊！"项羽就是这么一个情绪化的人，别人的花言巧语可以轻易地点燃他的怒火。同样，扑灭这怒火，只需要曲意逢迎，满足他的虚荣心。

常用成语

项庄舞剑

比喻以正当的名义图谋不轨。

尽管已是早晨，天却不似以往那么明亮。项羽要请刘邦饮酒，而宴饮中包藏着一个阴谋。

大帐中，项羽和项伯朝东坐，范增朝南坐，刘邦朝北坐，张良朝西陪侍。宴会上，宾主交谈甚欢，却又各怀心思。

这期间，范增数次向项羽使眼色，项羽都没有理会。范增又三次举起随身玉玦，示意项羽处决刘邦，可项羽还是没有反应。

范增见项羽心软，便走出大帐，找到项羽的同族兄弟项庄，吩咐道："将军被刘邦蒙骗了，不忍心杀掉他。但我们不能放虎归山，否则都将会成为他的俘虏。我有一计，可除刘邦……"

项庄进入大帐，并向宾主敬酒。随后，他说："营中缺少娱乐，我愿表演舞剑，为大家助兴。"

项羽说："可。"

项庄得令，便开始舞剑。不经意间，他就将剑锋对准刘邦，眼中透着杀气。项伯看出了端倪，也上前舞剑，并用身体保护刘

邦，令项庄难以得手。

张良见项伯出手，便出帐来找樊哙。还未及说话，樊哙便抢着问："情况怎么样？"

"十分危险。"张良面色凝重，道，"此刻，项庄持剑起舞，实际上是在找机会刺杀主公！"

名人简历

樊哙

刘邦集团的重要将领，沛县（今属江苏省）人。早年，樊哙以屠狗为业，后随刘邦起义。鸿门宴上，他助刘邦脱离险境。汉初，樊哙任左丞相，封"舞阳侯"。

"那我马上进去，与主公同生死！"樊哙说完，手持剑盾，往军门里闯。两名持戟卫士正要阻拦，却被樊哙侧身撞倒。入帐后，他怒视项羽，头发都竖起来了，眼角也已裂开，宛若被激怒的野兽。

"剑舞"被这不速之客打断，众人的目光都聚集在樊哙身上。项羽按住宝剑，上身挺起，问道："客人是做什么的？"

"这是沛公军中的参乘樊哙。"张良平静地介绍。

项羽听了，略感放松，说道："果然是一位猛将，赐酒！"

樊哙先是道谢，然后把项羽赐的酒一饮而尽。

项羽又说："再赐一条生猪腿！"

樊哙接过猪腿，将盾放在地上，以盾为案，用剑切肉，然后风卷残云般地吃完了猪腿。

项羽见他如此豪爽，便投来欣赏的目光："好壮士！还能饮酒吗？"

"臣死都不怕，区区斗酒，何需推辞？"樊哙提高了声量，说道，"那秦皇的心像虎狼一样歹毒，他随意杀人，滥用酷刑，天下苦不堪言，因此各地纷纷起义。怀王曾订立誓约，各路义军首领，先入咸阳者封王。沛公先入咸阳城，所以应是关中王，但他秋毫无犯，封闭府库，还把军队拉到霸上。他这么做，是在等待您的到来啊！"樊哙的声音更加响亮了，"至于派兵把守函谷关，那是为了防备盗贼，应对突发情况，这难道不是功劳吗？如今，将军不但不奖赏沛公，还错听小人的谗言，要将沛公治罪。这与秦皇的做法有什么区别？"

一番话说完，项羽无言以对，脸涨得通红，只好给樊哙赐座。没过多久，刘邦以去厕所为借口离开宴会，同时叫出了张良、樊哙。

帐外，原本阴沉的天空渐渐明朗起来，可刘邦心头的阴霾^{mái}还未消散。不一会儿，项羽命部下陈平召刘邦回去，而刘邦对宴会上的刀光剑影心存余悸。他想马上脱身，可又有些犯难。

常用成语

人为刀俎，我为鱼肉

俎，案板。比喻极危险的境地。

刘邦说："按照礼节，我应该向项将军当面辞行，现在如何是好？"

樊哙急了，说道："要干大事就不要顾忌那些细枝末节，要行大礼就不要理会那些琐碎指责。现在咱们就像是案板上的鱼和肉，任凭他们拿刀宰割。咱们必须尽快逃走，还纠结什么礼数啊？！"于是，刘邦下定决心逃走，并让张良留下善后。

从鸿门至霸上，大路有四十里远，骊山小道却只有二十里。为了确保安全，他仅带樊哙等四人，走骊山小道，很快就回到了霸上军营，并诛杀了叛徒曹无伤。

不知何时，天已透亮。张良估计，刘邦一行人已经安全回到霸上，便闲庭信步进了大帐，对项羽说："沛公不胜酒力，无法亲自辞行。他特地让我转奉将军玲珑玉璧一双，转送亚父精美玉斗一对。"

项羽说："沛公现在何处？"

"害怕将军责怪，"张良不紧不慢地说，"沛公已经回到霸上军营了。”

项羽听了，竟不在意，而是把玉璧放在一旁。范增则铁青着脸，双颊的肌肉抽搐着。突然，他拔剑砍向玉斗，气急败坏地叫着：“你这小子，不值得共谋大事！待刘邦夺取天下时，我们就都成为他的俘虏了！”

鸿门宴上，项羽轻易放走了刘邦，白白失去了除掉这个竞争者的机会。刘邦则幸运地躲过一劫，并获得了进一步发展壮大的机会。

不久，项羽将大封诸侯。以此为起点，楚汉争霸的大幕徐徐拉开了。

暗度陈仓

日暮西垂，殿前的屋宇下，汉王刘邦背着夕阳凭栏远眺。一众侍从远远地立在一旁，大气都不敢出，因为刘邦的心情糟透了。这几日来，他几乎水米未进。自从听说丞相萧何"出逃"，他就痴痴地站在这栏杆前，踮起

名人简历

萧何

西汉初大臣，沛县丰邑中阳里（今属江苏省丰县）人，曾是秦沛县吏。秦末，萧何随刘邦起义。刘邦入咸阳（今陕西省咸阳市东北），萧何收取秦政府的律令图书，以此掌握当时的社会情况。楚汉战争前夕，他力荐韩信为大将。战时，萧何以丞相身份留守关中，输送士卒粮饷，支援作战，是帮助刘邦建立西汉的重要功臣。

脚，望向远方。目光所及处，是连绵的崇山峻岭，它们似乎组成了巨大的囚笼，死死地挡住刘邦的视线，也死死地困住他争雄天下的大志。

远方的景色越来越暗了，刘邦的眼神也暗淡下来。进驻南郑（今陕西省汉中市东）前后，汉军将士因思念家乡，陆续逃跑的事情时有发生，这让刘邦感到无奈。不过，兵将可以再招，但萧何的不告而别却让刘邦失去了左右手。在他心里，萧何不仅是丞相，是同乡，更是挚友。自沛县起兵以来，萧何便在军中管理日常事务，是一位得力干将。刘邦率军进入咸阳，众将纷纷奔向秦廷府库，瓜分金银丝帛，萧何却忙着收取秦朝的法律典籍和图书。后来，正是通过这些珍贵的资料，刘邦详细地了解到天下关塞、人口分布、各地经济、百姓疾苦等情况。

清冷的月光下，刘邦心乱如麻，越发消沉下去。就在这时，背后传来了脚步声。

原来，是内侍官来了，他身后跟着在宫门当值的内侍。两人快步趋近，跪在刘邦身后。那内侍禀道："大王，丞

常用成语

左右手

比喻得力的助手。

相回来了！"

刘邦听了，身子一颤，沉默不语。内侍官还以为他没听清，就抬高了嗓门："大王，丞相求见！"

"请丞相到殿内！"刘邦拭了拭眼角，哽咽着说道。

殿内外灯火一片。刘邦端坐在殿内，还离得老远，就看清了萧何那熟悉的身影。刘邦的眼神里洋溢着欣喜、感动之情。

待萧何来到面前，他却突然变脸，怒道："丞相为何要弃寡人而去？"

萧何从容答道："大王，臣并非要逃走，而是去追逃走之人了。"

刘邦问道："谁这么重要，要丞相亲自去追？"

萧何答道："韩信！"

刘邦道："糟了！连韩信将军都跑了，是寡人失去军心了吗？"刘邦口中的韩信是旧韩国襄王之后。他追随刘邦进入汉中，其间曾建议刘邦趁汉军将士思乡心切，东出函谷关（今河南省灵宝市东北），与项羽争雄天下。

萧何道:"不是将军韩信,而是治粟都尉韩信!"

在刘邦面前,萧何曾数次提起这个"治粟都尉",但刘邦总觉得那人平平无奇,便又责问:"那么多带兵的将军逃亡了,你不去追,偏偏去追一个管理粮仓的韩信,分明是欺骗寡人!"

萧何见刘邦起疑,便严肃道:"那些将军无足轻重,而韩信这样的人才,普天之下再难找出第二个!大王要是满足于主政一方,就用不着韩信了。如果您要争雄天下,除了韩信,没有任何人能帮得了您。现在,就看大王怎么想了!"

刘邦望向殿外,深深地吸了一口气,又长长地吐了出来,说道:"寡人当然想东进,怎能一直憋在这儿?"

萧何立刻接言:"大王既然下定了决心,那就一定要重用韩信,如果您不重用他,他日后一定会再次逃走!"

刘邦道:"既然丞相极力引荐,寡人就封他个将军。"

萧何摇了摇头:"将军这个职位太普通了,韩信不会留下的。"

刘邦一拍桌案,下了决心:"那就封他为大将军!"

"好!"萧何先是大声称赞,接着提了几条建议,"不过,您待人向来轻慢,还不讲礼节,任命大将军就像呼唤小孩儿一样随意，以上就是韩信要离去的原因啊。大王既然决心重用韩信，那就挑一个良辰吉日，斋戒沐浴，筑土设坛，郑重其事地举行仪式，封他为大将军！"

汉王要拜大将军了！这一消息传出，众将都在沾沾自喜。他们认为，这大将军的职位非自己莫属。然而，到了拜将的日子，刘邦却把大将军印交到了韩信的手上。面对这一

结果，全军上下都惊呆了。

拜将仪式结束，刘邦赐韩信上座，并充满期待地问道："丞相多次向寡人推荐大将军，想是大将军定有良策教我。"

韩信起立，躬身一拜，反问道："大王要东出争雄天下，最大的敌人是不是项王？"

刘邦说："是！"

韩信道："大王觉得，您的勇猛、军力，能比得过项王吗？"

刘邦沉默了一会儿，叹道："比不上他！"说着，他望向韩信，料定这位新任大将军已是成竹在胸。

韩信又拜，并说："臣也认为大王比不上项王。臣曾在

地理扩展

三秦

秦亡后，为了防备刘邦东进，项羽三分秦故地关中，封秦降将：章邯为雍王，领有今陕西省中部咸阳以西和甘肃省东部之地；司马欣为塞王，领有今陕西省咸阳以东地区；董翳为翟王，领有今陕西省北部地区。他们合称"三秦"。

项王麾下效力，请允许臣详细^{huī}分析他的为人。"接着，韩信仔细剖析了可能导致项羽失败的因素——"匹夫之勇""妇人之仁""分封不平""暴虐残忍"。

刘邦听了，连声赞叹。韩信信心倍增，继续言道："与之相反，大王在关中秋毫无犯，又'约法三章'，深得民心。大王先入咸阳，却未能受封关中王，关中百姓无不引以为恨。有了这样的民意基础，大王率军东出，只需要一道讨敌檄文，便可平定三秦之地！"说着，他拿出军用地图，指着图中的陈仓道（自今陕西省宝鸡市东，沿今嘉陵江上游至今凤县，折东南入褒谷，至今陕西省汉中市），向刘邦仔细讲述东进的战略。

刘邦恨自己没有早用韩信，遂按照韩信的进军计划部署接下来的军事行动。

汉元年（公元前206年）

常用成语

约法三章

刘邦占领咸阳之初，废除秦朝苛法，与关中父老约定"杀人者死，伤人及盗抵罪"，史称"约法三章"。比喻约好或订立简单的条款，大家相约遵守。

古代常识

檄文

古代官府用以征召、晓谕或声讨的文书。

八月，刘邦率汉军从陈仓道秘密东出，进攻雍地。雍王章邯完全未料到汉军的动向，仓促应战，在陈仓（今陕西省宝鸡市东）、好畤（今陕西省乾县东）连败两仗，逃窜至废丘（今陕西省兴平市东南），坚守不出。

平定雍地后，刘邦进驻咸阳，一方面派兵攻打废丘，一方面命人攻取陇西（今甘肃省临洮县南）、北地（今甘肃省庆阳市西南）、上郡（今陕西省榆林市东南）等地。同时，他整军备战，准备东出函谷关，与项羽争夺天下！

背水一战

汉军要突袭赵国（都襄国，今河北省邢台市）！消息传来，赵国的主力部队已在井陉口（今河北省石家庄市鹿泉区西南）集结待命，对外号称大军二十万，赵王赵歇、代王陈余亲自坐镇军中。任谁都知道，接下来将有一场恶战，毕竟汉军的指挥者是大将军韩信。

彭城战后，魏王豹背叛刘邦。自汉三年（公元前204年）八月始，汉军在韩信的指挥下，攻克魏国（都平阳，今山西省临汾市西南），魏王豹投降。此后，刘邦派原常山王张耳到达前线，辅佐韩信。不久，两人统兵，平定代国（都

延伸阅读

张耳与陈余

陈胜、吴广起义后，大梁（今河南省开封市西北）人张耳、陈余共同拥立旧赵国贵族赵歇为赵王。巨鹿之战中，张、陈二人互生嫌隙。项羽入关，分封诸侯，张耳、赵歇分别获封常山王、代王，而陈余仅被封为侯。他心生不平，就向齐王田荣借兵，赶跑了张耳。张耳没了地盘，跑去投靠刘邦，并得到对方的厚待。陈余以赵歇为赵王。赵王心存感激，封陈余为代王。陈余并未就封，而是以其下属夏说为代相，自己则留在赵国，辅佐赵王歇。

代县，今河北省蔚县东北），擒获代相夏说，剑指赵国。

对于战前的形势，赵军中的广武君李左车有着清醒的认识：当时，楚汉主力在荥阳（今河南省郑州市西北）对峙。韩、张攻赵，刘邦能分给他们的兵力少之又少，但韩信敢于长途奔袭，说明他心中已有成算。若想立于不败之地，赵国应充分利用井陉口的地理优势。

当时，陈余是赵军的指挥者。于是，李左车打算向他建言献策。

赵营内，陈余正在帐中读书。他神情淡然，完全没有大战将至的紧迫感。

见此情景，李左车很是不解，但并未马上表露出来，而是躬身拜道："拜见君上。"

"广武君有何要事？"陈余连头都没抬，而是继续看书。

李左车说明来意："臣有一计，可破汉军！"

"哦？"陈余这才放下书简，问道，"是何妙计？"

李左车道："汉军乘胜远征，锋芒不可阻挡，这是他们的优势。臣听说，远道运粮，士兵会挨饿。现做饭，现打柴，军队常常吃不饱。井陉小道很狭窄，战车不能并行，骑兵不成行列，汉军到这里要走数百里，粮食一定在后面。"

陈余又问："你打算绕后突袭？"

"正是！"李左车回道，"愿君上拨给臣三万兵马，臣率军抄小路断绝汉军的粮道。届时，君上只需高筑壁垒，坚守营地，不与韩信交战。汉军向前不得战斗，向后无法撤退，只得困守没有任何补给的荒野。用不了十天，韩、张两人的首级就会出现在君上面前。"

陈余是个儒生。他经常宣称，正义的军队不应耍诈。李左车的用兵方略虽然可行，但他却听不进去，反驳道："兵书有言，兵力是敌人的十倍时，要去包围对方，是敌人的两倍时，要主动求战。现在，韩信的军队虽号称数万，可实际上才几千人。他们奔袭千里而来，早已疲惫不堪。如果我军避战，将来更强的敌人来犯，我军如何迎战？再说，其他诸侯将以为我们胆小怯战，会随便来欺负我们！"

李左车还想争取一下，说道："君上，考虑一下臣的计策吧。否则，咱们一定会被汉军俘虏。"

陈余未予理会，而是拿起书简，继续看书。

早先，韩信在赵军中安插了间谍，所以李左车献计未果的消息很快传到了他的耳朵里。韩信大喜，命全军穿越狭窄的井陉小道，并在离井陉口三十里的地方休息。

到了半夜，韩信命人选出两千名轻骑兵，每人手执一面汉军赤旗，走小路至赵营附近的山上，一边潜伏，一边观察赵军的动向。他对这两千人的要求是，在赵军倾巢而出后，他们迅速攻占赵营，拔掉赵军旗帜，换成汉军赤旗。

随后，韩信让他的副将传令全军简单用餐，并说："今日破赵后再用正餐！"

"诺！"众将嘴上答应着，心里却在打鼓。

韩信对身边的军吏说："赵军在有利的地势上修筑了营垒，况且他们不见到我大将军的旗鼓，是不会攻击我们的先头部队的，因为他们怕我军的主力见到险阻就撤回。"

于是，他派出了一万人的先头部队，出井陉口，背绵蔓水（源出今山西省寿阳县东，东经平定县入河北省井陉县，北入滹沱河）列阵。赵军远远望见汉军的怪阵，纷纷大笑不止。

到了清晨，赵营外突然传来鼓声，原来汉军竖起将旗，架起战鼓，一路敲着鼓出了井陉口。不消片刻，赵营营门大开，无数士卒直冲出来，与汉军主力战在一处。

两军大战了很久，韩信和张耳假装败退，还丢下战旗、大鼓，带领主力逃向水边的阵地。

赵军以为汉军不敌，便倾巢而出，争抢战利品，想要捉拿韩、张。

韩、张退至水边阵地时，已将赵军尽数引来。汉军士卒退无可退，人人拼死作战，赵军无法击败他们。这时，先前埋伏在周边的两千轻骑兵立即冲入赵营，拔掉了赵军的旗帜，插上了汉军的两千面赤旗。

赵军不能取胜，正要回营，却发现营中已经易帜！

"逃啊！"不知谁吼了一声，赵军顿时大乱。有的赵将

接连斩了好几个逃跑的士卒，也无济于事。于是，汉军内外夹击，大破赵军，擒获了赵王歇，杀死了陈余。

背水一战，韩信以少胜多，攻灭了赵国，打开了北方战场的有利局面，使楚汉争霸的形势向利于刘邦的方向发展。

常用成语

背水一战

比喻决一死战。

垓下之围

gāi

北风呼啸，又是一个冬天。

自汉四年十月（公元前203年）起，寒意日重。到了十二月（公元前202年），气温已大大低于往年，冰寒刺骨。从荥阳（今河南省郑州市西北）到垓下（今安徽省固镇东北）的广大区域，近三个月里几乎未有晴日，天上的云总是连成一片，可就是不下雪，这绝不是什么好兆头！

天象异变，战火不变。鸿沟（古运河名，故道自今河南省荥阳市北引黄河水东流，经中牟县北、开封市东南，南流经通许县东、太康县西，东南入颍水）约和后（项羽与刘

邦约定，以鸿沟为界，划分天下，东属楚，西归汉），刘邦单方面撕毁合约，集合韩信、彭越所部，共同追击项羽。数十万汉军多路并进，将十万楚军围在垓下。

当时，楚军兵少粮尽，人人自危。每天，都有逃兵翻出营垒，剩下的将士在近乎绝望中竭力坚守阵地。

兵无粮，马亦无草。楚军骑兵爱惜马力，作战时才上马。平时巡逻，只是拉着战马在营垒周围走走。这天，一队骑兵正在营外巡逻。

"可恨！"骑兵队长走在队首，望着对面的汉军，骂道，"本来我们是可以回家的，都怪刘邦这背信弃义的小人！上天开眼，赶紧收了他的老命！"

身后，一老兵接言："我活这么大年纪，还没见过如此怪异的天象。"可能是太想家了，老兵问道，"队长，今天

地理扩展

江东

江东是今安徽省芜湖市和江苏省南京市之间长江江段以东地区。三国时，江东是孙吴的根据地，故亦称孙吴统治下的全部地区为江东。

是什么日子？"

队长想了一会儿，答道："记不清了，快到月末了吧！"

老兵自言自语："算下来，大王为天下主，也快四年了！"

队长感慨道："是啊，咱们这些人离开江东也七八年了！"

老兵哽咽了："真想听听家乡的歌声啊！"

队长没有接话，沉默着回头望去，只见身后众骑兵的眼里都闪着泪光。有人的泪水溢出眼眶，凝成两道寒霜。

入夜后，冷得要命，寒风在楚军大营中横冲直撞，不少士卒缩在角落里，度夜如年。

到了子时中（零点），风渐渐停了。随后，楚营北面响起了歌声！

接着，东面响起了歌声！

很快，南面响起了歌声！

最后，西面响起了歌声！

"是楚歌！"楚军将士激动地叫喊着。这是他们再熟悉不过的歌声。风停以后，夜空静谧，这楚歌

常用成语

四面楚歌

指孤立无援、四面受敌的困境。

听来格外清晰。

歌声传入帅帐，项羽从卧榻上坐起，自言自语："汉军已占领楚国了吗？为何周围有这么多楚人？"

项羽越想越沮丧，抓起酒坛，大口地喝着闷酒。此时，一名美貌女子出现在项羽的面前。她叫虞姬，是项羽的爱姬，多年来一直在他的身边。项羽还有一匹爱马，唤作乌骓。

一看到虞姬，万千愁绪全都涌上项羽的心头。他借着酒劲儿，唱了起来："我力能拔山啊英气盖世，可时运不济啊乌骓难驰，乌骓难驰啊无可奈何，虞姬啊虞姬，我该怎

延伸阅读

霸王别姬

虞姬，秦末人，或谓姓虞，或谓名虞，是项羽的宠姬，常随其出征。项羽被汉军围困垓下，自知大势已去，慷慨悲歌。虞姬举袂作舞，以歌相和。项羽与虞姬的这段故事可谓家喻户晓，以戏曲、电影等艺术形式展现在世人面前。霸王别姬形容英雄豪杰处于穷途末路的悲壮情景，而虞姬自刎则被视为女性为爱执着勇敢的象征。

么办？"

项羽一连唱了好几遍，虞姬则在一旁唱和："汉军已占领了楚国，四面都响起了楚歌。大王陷入绝境，意志和勇气被消磨殆^{dài}尽，妾身怎可苟活！"

数行热泪从眼眶流出，威名赫赫的西楚霸王居然哭了。左右无不流泪，没有人能抬起头来。

"哐"的一声，项羽把酒坛摔得粉碎，怒吼道："突围！"

当夜，项羽骑着乌骓马，带领八百余名楚军骑兵，从垓下南面突围。天明时，汉军才发觉他跑了。

汉将灌婴率领五千骑兵追击项羽，而后者已渡过了淮水（今淮河）。一路上，八百余骑兵不断减员。渡淮时，只剩百余名了。

到了阴陵（今安徽省定远县西北），前队的几名骑兵突然勒马不前。

"怎么不走了？"项羽冲着前面喊道。

"大王，我们迷路了！"前队一名骑兵回道，"渡河的时候，舆图也被弄丢了！"

"大王，您看，"另一名骑兵边说，边指向不远处，"那儿有一位农夫。"

项羽赶紧驱马，来到那农夫面前，问道："老丈，哪条路是去往江东的？"

农夫没有回话，只是盯着项羽的眼睛。传说，项羽的每只眼睛都有两个瞳孔，这让那农夫感到奇怪。

"往左走。"农夫终于指出了方向。

项羽听了，像抓住救命稻草似的，急挥马鞭，带着众骑兵向左奔去。

突然，前队骑兵连人带马陷入沼泽中。

项羽从后面望见了，勒紧缰绳，大声呼喊："勒马！"

中队骑兵听得清楚，但瞬时就被后队骑兵撞向了沼泽地。

骑兵和战马扭在一起，在沼泽中越陷越深。更糟的是，项羽已能望见身后远远飘扬的汉军赤旗和大队追兵。

危急时刻，项羽急吼道："跟孤往东走！"说话间，乌骓马已驮着项羽，跳出了能吞噬一切生灵的沼泽地。

本就缺少草料，又经长途奔波，一些活着逃出沼泽的战

马再也撑不住了。在逃向东城（今安徽省定远县东南）的途中，不断有马匹跪倒，将背上的骑兵重重地摔在地上。

到达东城后，项羽与众骑来到一处矮山上。项羽勒马立定，扫视一圈，发现骑兵只剩二十八人，而不远处的汉军追兵足有数千人之多。

很快，汉军逼近，准备合围项羽等人。

项羽自知难以逃脱。他望着天上厚厚的阴云，深吸一口气，又缓缓吐出，然后对众骑兵说道："孤起兵至今已有八年，历经大小七十余战，从未败北，因此称霸天下！"

项羽接着说："想不到，孤今日竟陷入绝境，这是上天要灭亡孤，不是孤不会打仗。今日一战必是死战，孤愿为你们痛痛快快地打一仗！孤要连胜几回，突出重围，斩杀敌将，砍倒敌旗。让你们明白，这是上天要灭亡孤，不是孤不会打仗！"

"我等誓死追随大王！"二十八名骑兵高声答道。他们胯下的战马纷纷嘶鸣，像是要拼尽最后的气力。

随后，项羽把这二十八骑分为四队，命这四队从四面俯冲而下，并在山的东面分三处集合。

"看孤为你们先斩一将！"项羽大喊着冲下山去。

常用成语

江东父老

比喻故乡的父老乡亲。

汉军见是项羽，都吓破了胆，纷纷倒退。混乱中，一名汉将被他斩于马下。

四队楚军果然在山的东面分三队集合了。汉军弄不清项羽在哪里，就分兵为三股，分别包围楚军。

这时，项羽又冲出来，杀死了汉军的一个都尉和百余名汉兵，而后把自己的人集合起来，发现二十八骑只阵亡两人。项羽得意地对大家说："如何？"

"果如大王所料！"大家敬佩地说。

自昨夜风停后，乌江（今安徽省和县东北）上空的阴云越积越厚。顺着江水（今长江）东流的方向望去，水云交汇之处，天地融合在了一起。

项羽等人奔至江岸，只见附近没有其他船只，只有一个船夫模样的人驾着一只小船，靠在岸边。

"臣乃乌江亭长，在此恭候大王。"船夫先表明身份，后说明来意。他接着说："江东虽小，可也有纵横千里的土地、数十万百姓，足够您称王了！愿大王赶紧渡江，眼下只有这一条船，汉军就算追到岸边也没法渡江。"

"哈哈哈！"项羽竟如疯了一般大笑起来。

接着，他说道："上天灭孤，孤又何必渡江！想当初，孤率江东子弟八千人渡过江水，西征天下。现如今，他们却无一人生还。即使江东父老可怜孤，让孤称王，孤还有脸面去见他们吗？就算他们不说什么，孤难道能做到问心无愧吗？"

众人听了，眼神黯淡，沉默无言。

"能看出来，您是位忠厚长者，"项羽一边轻抚乌骓马的鬃(zōng)毛，一边对乌江亭长说，"孤骑这马有五年了，它所向无敌，日可行千里。孤不忍心杀了它，就把它赐给您吧！"说着，项羽翻身下马，将手中的马缰交给对方。

船只驶往对岸，汉军追兵杀到。项羽命所有人下马，手持短兵器与敌人厮杀。

一番血战后，项羽斩首数百人，而楚军骑兵皆已阵亡。

鲜血不断从身上的十余处伤口流出，项羽仍昂首挺胸。突然，他看到一个熟悉的身影，便问对方："孤看你如此面熟，莫不是故人？"

那人是汉军骑司马吕马童，与项羽是旧识。他不作正面回答，而是对一旁的汉将王翳^{yì}说："这就是项王！"

项羽听了，说道："听说刘邦为了孤的首级，悬赏千金，封邑万户，这个人情就送给你们吧。"说完，他自刎^{wěn}身亡。

突然，一片白花掉在汉军赤旗上，擎^{qíng}旗的士兵见了，兴奋地喊道："雪！下雪了，终于下雪了！"

鹅毛般的大雪不断落下，把大地涂成厚厚的白色，上天似乎是要用这场雪盖住战火的余烬。

瑞雪是个好兆头，来年应是太平之时！

白登之围

秋风阵阵，落叶纷纷，南迁的雁群排成人字形，飞过栎阳宫（在今陕西省西安市阎良区东南武屯镇）上空，并发出一阵鸣叫，好像是在传递一种神秘的信息。

正殿旁，一处庭院内铺上了一层金黄色。刘邦不准内侍打扫院中落叶。此刻，他表情凝重，正在院中徘徊。

突然，庭院上空又响起一阵雁鸣。

刘邦向天空望去，见一群大雁正朝南飞，速度惊人。

"这是今天第几次雁鸣？"刘邦问道。

"回陛下，"身后的内侍官小心回答，"好像是第四次。"

刘邦又问："一共飞过几只大雁？"

内侍官听了，答不上来。在场的众内侍也是一脸茫然。

见没人回话，刘邦便自己揭晓了答案："朕告诉你们吧，共五群大雁，四十只。天空一共传来十次雁鸣。"

"陛下天纵英明，连如此细微之事都能察觉。"内侍官带头奉承皇帝。

"天下之大，人心之复杂，朕不敢不留意啊！"刘邦一边说话，一边望着北方的天空。他往前走了几步，接着说："看来北方要有大的战事发生了！你们怎么看？"

众人听了，心中都是一惊。不过，他们不敢发言，因为他们只是侍从，本就不应干涉朝政。

可能是对众人的安守本分感到满意，刘邦随后不再发问，而是吩咐内侍官："若有北方边境的战报，即刻送给朕！"

"遵旨！"内侍官如释重负。

刘邦看了一会儿天空后，才转过身，移步寝宫。刚出庭院门，他转头吩咐道："这庭院可以打扫了！"

"是，奴才这就安排。"跟在他身后的内侍官赶紧停下脚步，招呼几个内侍去拿笤帚^{tiáozhou}。

果如刘邦所料，十几天后，北方边境传来战报：汉六年（公元前201年）秋季，匈奴^{xiōng}冒顿单于^{mò dú chán}率大军侵犯大

延伸阅读

荥阳被俘后的韩王信

汉三年（公元前204年），项羽率军攻打刘邦，将荥阳（今河南省郑州市西北）围得水泄不通，还切断了汉军在城外的运粮甬道。楚军攻占荥阳时，俘虏了韩王信。随后，他向项羽投降。不久，他逃出楚营，回归汉军。刘邦没有计较他的背叛，而是继续让他享有韩王的头衔。后来，韩王信跟随刘邦，击灭项羽，成为建立西汉的功臣之一。

汉，韩王信被围在马邑（今山西省朔州市）。数日后，他投降匈奴，准备联合后者进攻大汉！

阅览战报后，刘邦说道："韩王信投降了！这些老臣真是越来越不中用了！传诏，朕要御驾亲征！"

一旁的内侍官听了，没有立即传诏，而是跪在刘邦面前，急切地说道："亲征之事，还请陛下三思！"

刘邦有些不悦，问道："什么意思？"

"陛下请听奴才一言，"内侍官知道自己不应干政，可他还是壮着胆子进言，"陛下还记得庭院那天吗？您先在院子里徘徊，踩出一个圈，最后您站在那个圈中央，像被围困起来似的。这或是不祥之兆！"

"大胆！"刘邦怒了，骂道，"你这奴才，胆敢妖言惑众，干预军国大事，还要诅咒朕，来人！"

几名侍卫应声而来。

刘邦大手一挥："将这奴才拖出去斩了！"

侍卫们架着内侍官往外拖，内侍官却仍在高呼："陛下三思，三思啊……"

随后，刘邦面向殿内的一名内侍，厉声道："传诏！"

那内侍立刻跪下了。

刘邦接着说："诏樊哙（kuài）、陈平、刘敬等人，随朕亲征！"

"遵旨！"那内侍赶紧退出殿外，去传诏了。

汉七年冬（公元前201年底—公元前200年初），刘邦亲率大军北上，在铜鞮（dī）（今山西省沁县南）击败韩王信的部队，斩杀其部将王喜。此后，韩王信的部将曼丘臣、王黄立故赵将赵利为王，他们一起收集韩王信的残兵，与韩王信、冒顿合谋攻汉。

冒顿命匈奴左右贤王率万余名骑兵先行，与韩军残部一起屯驻广武（今山西省代县西南），并南下迎击汉军。

汉军则一路向北，在晋阳（今山西省太原市西南）、离石（今山西省吕梁市离石区）两地大败敌军。匈奴虽然在楼烦（今山西省宁武县附近）西北集结了大军，可依旧不敌汉军。

此后，刘邦进驻晋阳。这时，前线探子回报：在代谷（今河北省蔚县东北）发现了冒顿的主力部队。

攻还是不攻？刘邦有些犹豫。为了探明匈奴大军的虚实，他决定以劝匈奴退兵为由派使者前往代谷。

刘邦一连派出十批汉使，他们带回来的消息几乎是一致的——匈奴军中，只有瘦弱的牲畜和老弱的士兵，根本不堪一击。

但刘邦还是不放心，又命刘敬出使匈奴。然而，刘敬还未回来，刘邦就下令汉军北上，翻越句注山（在今山西省代县西北）。

不久，刘敬就回来了，他对刘邦说："陛下，万不可轻易进攻匈奴。"

刘邦说："为什么？你都看出什么端倪了？"

刘敬回禀道：“两国交战，通常要向对方展示自己的
长处。臣所见，与之前十批使者的见闻一样，全是匈奴
的短处。这一定是对方故意设计的，以便埋伏奇兵来争
取胜利。”

听了这话，刘邦愤怒地骂道：“朕看你能说会道，才
封了你一官半职，现在居然口出狂言，贻误我军战机！”

于是，他命人给刘敬戴上刑具，将其关押在广武。

刘邦求战心切，率领少量部队快速北上，到达平城
（今山西省大同市东北）。一天，他登上白登山（平城近
郊），突然，周边的山谷间冒出了大队匈奴骑兵！

匈奴军速度飞快，刘邦还没来得及下山就被包围了。

此次出城，刘邦带的兵马不多，而匈奴骑兵却足足有
四十万。虽然汉军也有三十二万人，可大部分是步兵，而
且有不少人还在前往平城的路上。

被匈奴大军围困了七日，汉军既无法突围，又缺乏援
兵，陷入了绝境。刘邦想起那日冤杀内侍官的情景，顿时
感到灰心。难道堂堂的大汉皇帝要向匈奴人下跪投降吗？

"陛下，臣有一计。"一个声音在刘邦耳边响起。

刘邦回过神来，见是护军中尉陈平，便抓着他的手说："爱卿之计，定能帮朕等逃出生天！是何妙计？"

陈平说道："陛下可知匈奴人中最尊贵的女性是谁？"

刘邦道："当是单于的正妻阏氏^{yān zhī}。"

"正是。"陈平这才小声说出计策，"陛下只需拿出珍宝，并派人送给阏氏，然后……"

不久，匈奴营中，阏氏求见冒顿。

延伸阅读

陈平秘计

有人认为，陈平曾亲自前往匈奴营中，对阏氏晓以利害。他的说辞是，汉军没有突围的希望，要命人回去接一位绝色女子，准备献给冒顿。等这女子来到，冒顿一定宠爱她。到时，阏氏无疑会被冷落。所以，阏氏不如设法说服冒顿，给汉军一条生路。这样一来，阏氏的地位得到保全，还获得了汉朝皇帝的财宝。

见面后，冒顿道："夫人有什么事吗？"

"臣妾是来劝单于的。"阏氏说道，"您与汉朝皇帝各主一方，不应相互为难。就算能得到汉人的土地，单于认为我们匈奴人能守住吗？而且，臣妾听说，汉皇帝有神灵保佑。希望单于考虑一下。"

冒顿听后，觉得有理。之前，他曾和王黄、赵利等人约定，一起围困刘邦。可是，这两人迟迟不见踪影，莫非是暗地里和汉军勾结在一起了？

越想越觉得后背发凉，冒顿便说道："好，就如夫人所言，放了那汉皇帝！"

于是，他命人打开包围圈的一角。刘邦等人趁机逃了出去。

刘邦回到广武，惊魂未定。他立即赦免了刘敬，并向他道歉："朕不听先生的良言，才困于平城。那些说匈奴可攻的使者，朕已下令斩了！"随后，他封刘敬食邑两千户，为"建信侯"。

白登之围，令汉朝君臣亲眼见证了匈奴可怕的军事实力。在刘敬的建议下，刘邦调整对匈方略，选宗室女子与匈奴和亲。这在一定程度上缓解了边境的紧张局势。

灌婴驻荥阳

xíng

汉十二年（公元前195年）四月，大汉开国皇帝刘邦驾崩，太子刘盈（史称"汉惠帝"）即位，尊母亲吕雉为皇太后。刘盈在位八年（公元前195年—公元前188年）而崩，太皇太后吕雉先后扶植年幼皇子即位，对外宣称为惠帝之子，但其真实身份不得而知。吕后临朝称制，是大汉朝廷的实际统治者。她在位期间，任意分封吕姓亲族，大有夺取刘氏江山之意。

汉高后八年（公元前180年）三月，吕后自城外返宫后，就得了一场怪病，且病情日益严重。至七月中旬，她已有生命垂危之象。

吕后寝殿外，一高一矮两名内侍小心翼翼地关好殿门，矮个子内侍又端起摆着几只汤药碗的木托盘，和高个子内侍一起，猫着腰走着。

"你瞧，这汤药一点儿没喝。"矮个子内侍盯着眼前的药碗说道，声音小得像蚊子一样，"以前太皇太后多少都能喝进去两口，这次一滴药也没下肚，她得的到底是什么病啊？"

高个子内侍瞥了一眼药碗，也小声说道："我听说，三月份太皇太后返宫时，在路上被邪祟之物袭击！当时在场的人回来说，那天路边突然跑出一只苍犬，钻到太皇太后的腋下就消失了。回宫后，她命人占卜，得知那是已故赵王刘如意的亡魂（刘如意，刘邦的庶子，最受刘邦喜爱，刘邦曾想废嫡长子刘盈的太子之位，改立戚夫人之子刘如意为太子）。此后，太皇太后便一病不起！"

矮个子内侍接言道："报应啊！汉太祖高皇帝（即刘邦）驾崩后，太皇太后就用各种残忍的

名人简历

灌婴

西汉初大臣。早年，灌婴是丝织品商贩。秦末，他随刘邦起义，终结了秦的统治。汉初，他随刘邦平韩王信、英布等的叛乱，封"颍阴侯"。吕后死，灌婴与陈平、周勃平诸吕，迎立文帝，任太尉，后为丞相。

办法迫害戚夫人母子。几个月来，数十位医师都拿这怪病没有办法，可见赵王如意亡魂的怨念之深！你说，太皇太后的大限是不是就在这几天了？"

这时，高个子内侍突然不答话了。他停下脚步，全身颤抖，然后不自觉地趴在了地上。

"你这是怎么了？瞧见鬼了？"矮个子内侍扭头说道，却见吕后的两个侄子赵王吕禄、吕王吕产出现在他们面前。

吕禄抬起一只脚，狠狠地踹向那矮个子内侍，托盘、药碗摔在地上，汤药全洒了。

"让你胡说八道！"吕禄捡起托盘，一边砸向矮个子内侍，一边骂道，"真当本王耳朵是聋的！"

高个子内侍见了，继续趴在地上，替矮个子内侍求情："大人饶命，他这贱命不值得您动手，交给奴才吧。奴才回去狠狠地打他几十大棍！"

"你倒挺有情义。"吕禄对高个子内侍说。话音刚落，他却突然吼道："来人，把这两个贱人拉下去杖毙！"

吕产着急办正事，就对吕禄说道："别浪费时间了，赶快进去吧。"

古代常识

虎符

中国古代帝王授予臣属兵权和调发军队的信物，一般用铜铸成，虎形，故名"虎符"。

吕禄、吕产疾步进入吕后的寝殿，来到她的卧榻前，跪道："臣等拜见太皇太后。"

吕后勉强坐起来，虚弱地说道："你们两个终于来了。"接着，她从衣襟里掏出两支虎符，道："这是长安（今陕西省西安市西北）南北两军的虎符，现在就交给你们了。"

两人接过虎符，脸上浮出喜色。

吕后看着两人，心里十分担忧，嘱咐道："太祖高皇帝平定天下时，曾与众臣订下盟约——'非刘氏王者，天下共击之'。而今，本宫分封咱们吕家人为王，多数大臣心中不平。本宫大限将至，皇帝年少，不更世事，朝中恐怕会有人发动政变。你们二人务必牢牢掌控军权，派兵保卫皇宫，就算是本宫出葬之日也不可出城送葬，切忌受制于人。"

说完，吕后已是气喘吁吁。接着，她躺了下去，无力地摆了摆手，示意两人退下。

从异姓齐王到同姓齐王

刘邦灭项羽后，将韩信由齐王改封为楚王。汉六年（公元前201年），刘邦封儿子刘肥为齐王。惠帝六年（公元前189年），刘肥去世，子刘襄继位，为新齐王。

七月辛巳日，吕后崩。

吕后一死，吕禄、吕产等吕家人想作乱，彻底夺取刘家的天下。朱虚侯刘章是齐王刘襄的弟弟、吕禄的女婿，他暗中察觉到了吕氏的阴谋，就悄悄地派人前往齐都临淄（今山东省淄博市东北），告知刘襄，想让他发兵西进，灭掉吕氏，自立为帝。

见有机会称帝，刘襄马上行动起来。他一边与身在长安的两个弟弟刘章、东牟侯刘兴居暗中联络，一边用诈术夺取了琅邪王的兵权，率领两国的军队向西进发。

此时，在大汉的朝堂上，掌权者是吕禄和吕产两人，他们分别担任上将军和相国。在他们的对立面，有太尉周勃、

名人简历

周勃

西汉初大臣。早年，他曾是丧事中的吹箫人。秦末，他随刘邦起义，以军功为将，封"绛侯"。汉初，他又帮助刘邦平定韩王信、陈豨等的叛乱。吕后时，周勃任太尉，但无实际权力。吕后死后，他与陈平定计，诛杀吕产、吕禄等人，迎立文帝，任右丞相。

丞相陈平等一群忠于刘氏的老臣，他们要寻找时机，平灭吕氏，保住刘家江山。

齐王起兵后，吕产、吕禄命大将军灌婴率兵东进，要阻挡刘襄的军队。令人意想不到的是，灌婴竟欲借此机会铲除朝中吕氏一族。

灌婴率大军一路东进，刚抵达荥阳（今河南省荥阳市东北），就下令全军停驻不前，还将军中高级将领请至帅帐议事。

众将领落座后，亲兵队长上前禀报："大将军，各营将领到齐了。"

灌婴吩咐道："你带人在外面守着，没有我的命令，任何人都不得靠近帅帐！"

"诺！"亲兵队长出帐去了。

"诸位随我征战多年，客套话咱们就不说了，"灌婴开

门见山，"吕氏拥兵自重，占据关中（今陕西省中部，秦岭与陕北黄土高原之间），想要危害刘氏并自立。此次出征，如果我真的打退了齐王，相当于为吕氏增加谋乱的资本。大家怎么看？"

这时，一名将军说道："我们都以为大将军为吕氏出征，是忘了先帝的恩德，原来大将军是要分得军权，制约吕氏！"

另一将军问道："出征前，想必大将军与朝中老臣已有所商议。敢问大将军，可是周太尉（周勃）与陈丞相（陈平）？"

灌婴会心一笑，吐出心中郁闷："周太尉在朝中不得势，大家还以为他失去了往日的锐气，其实他是在忍辱负重！陈丞相因吕产任相国而被架空，何尝不是忍气吞声！实话告诉你们，我和周太尉、陈丞相已经商议好了，要诛除吕氏，另立新君！"

另立新君是天大的事情！众将听了，既惊讶又高兴。他们相互对望了一眼，便心领神会：当今皇帝（刘弘，吕后立）只不过是个傀儡。他并无治国之能，亦无爱民之心。若真能另立有德新君，于国于民都是一件好事。

众将非常振奋，纷纷表态："为了大汉江山，只要将军一声令下，我等万死不辞！"

灌婴一拍桌案，高兴地说道："好！眼下，最要紧的是派人向齐王及诸侯送信，告诉他们，大家要联合起来，等待机会，诛灭吕氏！"

"诺！"众将领一齐高声答道。

灌婴坐镇荥阳，与齐王及其他诸侯互相声援，形成了牢固的反吕联盟，打乱了关中吕氏的谋反计划。当年八月，周勃、陈平及刘章等人借机夺取长安军权，控制宫廷，诛灭吕氏。此后，朝中大臣废刘弘，立刘邦子代王刘恒，是为汉文帝。

周亚夫平乱

　　大汉开国之初，为巩固统治，刘邦大举铲除异姓诸侯王，代之以同姓诸侯王。刘邦的本意是通过自家人控制天下，达到江山永固的目的。然而，随着时间的推移，部分同姓王非但与中央离心离德，还萌生了挑战皇权的野心。至刘启（史称"汉景帝"）即位时（公元前157年），他们已对朝廷构成严重威胁。

　　景帝三年冬（公元前155年底—公元前154年初），御史大夫晁错奏请查处诸侯的罪过，削减他们的封地。一时间，诸侯哗然，他们恨上了晁错。当削地的诏书到达吴国时，吴王刘濞率先发难，于当年正月甲子日（公元前154年）在国都广陵（今江苏省扬州市西北）举起反叛大旗。不久，楚王

名人简历

周亚夫

西汉名将，周勃（详见"灌婴驻荥阳"）之子。文帝时，匈奴来犯，周亚夫屯兵细柳（今陕西省咸阳市西南），军令严整。景帝时，他任太尉，平定吴、楚七国之乱，迁为丞相。

刘戊、赵王刘遂、胶西王刘卬、胶东王刘雄渠、济南王刘辟光和淄川王刘贤纷纷发动叛乱，他们与吴王组成联盟，以吴、楚之兵为主要力量，打着诛杀"奸臣"晁错的旗号，准备一举攻入长安（今陕西省西安市西北）。

听闻七国反叛，刘启心中颇为惊惧。他受到其他大臣的怂恿，狠心地斩杀了晁错，还天真地以为这样便能令七国罢兵。然而，叛军得知晁错已死，却不为所动，反而加紧了攻势。刘启只得命太尉周亚夫等人整军备战，东进平叛。

由于军情紧急，周亚夫乘着战车，率大军全速东进。行至霸上（今陕西省西安市东）时，车后响起侍卫的吼声："站住！太尉车驾也敢硬闯？"

周亚夫回头望去，见老相识赵涉向他跑来，便一招手，示意侍卫放行。

赵涉见状，赶忙来到车旁。他扶着车身，边跑边说："太尉率军进攻吴、楚叛军。若能得胜，江山无事。若不能取胜，天下就危险了。不知太尉愿不愿意听我一言？"

周亚夫敏锐地感觉到，赵涉定有妙计，遂下令："停止进军，原地待命！"然后，他跳下车，对着赵涉拱手，并指着路旁的空地说："请这边说话。"

两人离开大部队，走出十几步才停下。赵涉说道："吴王极为富有，一直在招募死士，积蓄力量。现在，他一定知道您正赶往前线。我猜测，他会在崤山（在今河南省洛宁县西北）、渑池（今河南省渑池县西）一带埋下伏兵。军事上讲究秘密行动，太尉何不稍向西绕路，南下蓝田（今陕西省蓝田县西），再由武关（今陕西省丹凤县东南）到达洛阳（今河南省洛阳市东北）。这样行军，只不过多用一两日而

地理扩展

蓝田与蓝田玉

今蓝田县有蓝田山，县因以为名。自古以来，蓝田山以出产玉石著名，唐代诗人李商隐有诗"蓝田日暖玉生烟"。

已。到了洛阳，我军直入武器库，鸣起战鼓。诸侯听说后，一定以为太尉从天而降呢！"

周亚夫听了，深以为然。他按照赵涉的规划，改变行军路线，向洛阳进发。平安到达后，他派人搜索崤、渑地区，果然发现了叛军的伏兵，并将其一网打尽。

大军继续东进，到达荥阳（今河南省郑州市西北）时，梁国（都睢阳，今河南省商丘市南）派人前来求救。原来，吴、楚叛军已渡过淮水（今淮河），攻破梁国的棘壁（今河南省柘城县西北），并乘胜对该国发起猛烈进攻。

周亚夫并未理会梁国的请求，而是一声令下，命大军向东北方向进发，抵达昌邑（今山东省巨野县南）。

此后，周亚夫命人深挖战壕，高筑营壁，完全没有增援梁国的意思。这可急坏了梁王刘武，他先后派出多位使者，前往周亚夫军中求援，可周亚夫还是不为所动。

刘武见求援无果，就派使者前往长安，到皇帝面前告状。刘启闻讯后，非常重视，立即派特使赶赴昌邑军营。

昌邑帅帐里，周亚夫和一众将领跪在地上听诏：刘启命

他即刻与叛军交战，务必解除梁军困局。

使者宣读完毕，周亚夫却迟迟不肯接诏。其他将领见了，全都替他捏了一把汗。原来，刘武不是一般的诸侯王，而是皇帝的亲弟弟！是不能得罪的权贵！

周亚夫怎会不知其中的利害。但是，若在此时奉诏出兵，自己的作战计划将被打乱。原来，进军途中，他路过淮阳（今河南省周口市淮阳区），向父亲的旧部邓都尉请教了对敌之策。

邓都尉说："吴兵锐气正盛，不宜与之正面交锋，而楚军浮躁，难以长久保持锐气。若想顺利击败叛军，应在昌邑坚壁不战，让梁军拖住叛军，您再派一支轻装的军队，断了叛军粮道。待叛军疲惫不堪且粮草耗尽时，以逸待劳，必能大败叛军！"

周亚夫采纳了邓都尉的建议。

在帅帐中，周亚夫深吸了一口气，语出惊人："将在外，君命有所不受！臣不奉诏！"

朝廷特使不敢相信自己的耳朵，问道："太尉，您刚才说什么？"

"臣不奉诏！"周亚夫说得斩钉截铁。

在前线，梁军逐渐稳住了阵脚，与叛军形成相持之势。与此同时，顶着压力的周亚夫切断了叛军的粮道。叛军粮草断绝，又拿梁军没有办法，就跑到昌邑，在汉军营壁外频频挑战，可周亚夫任凭敌军叫骂，就是不应战。

一天夜里，汉营中发生骚乱，士兵相互攻击，一直闹到帅帐之外。

周亚夫的侍卫们见状，立刻闯进帅帐，要护着他出外躲避。

周亚夫早就醒了，却没有一丝惊慌。他继续躺在卧榻上，对侍卫们说："只要我不慌，军心就不会散。你们只管在外面值守，我哪儿也不去！"

很快，营中就恢复了秩序。

后来，震天的喊杀声从汉营东南角传来。放哨的士卒报告，叛军大队人马正自东南方攻来。

周亚夫走出帅帐，各位将领也都赶来了。其中几人直接请战："太尉，我等现在就率兵前往东南角防御！"说完，他们就要走。

"回来！"周亚夫喝止了那几名将领的行动，说道，"不要管东南角，带兵去西北角，加固防御！"

"太尉，这是为何？"那几名将领不解地问道。

周亚夫解释道："偷袭敌营，本应机密行事。可叛军竟大张旗鼓地杀来，这说明什么？"

"是佯攻！"一将领一语点破，所有人都醒悟了。倘若全力防守东南角，背后的西北角就是最容易被攻破的地方。站在叛军的角度考虑，这恰是他们真正的进攻方向。

果如周亚夫所料，叛军的精兵来攻西北角。由于汉军准备充分，叛军难以攻入。此时，他们锐气尽失，饥饿难耐，只得撤退。

周亚夫瞅准时机，打开营门，集中主力，大败叛军。楚王刘戊绝望自尽，吴王刘濞趁乱逃跑，后被杀。

吴、楚是七国联盟的头子。两国失败后，其余叛乱国也纷纷被制服。仅仅三个月，周亚夫就完全平定了七国之乱。此后，诸侯国的势力被大大削弱，朝廷进一步加强了中央集权，这为大汉盛世的到来创造了良好的政治条件。

张汉臂掖

武帝元狩二年（公元前121年）初秋，西北边境的气温在这个时节总是降得特别快。十几天的时间，这里一望无垠的绿草已是枯黄一片，野外鲜有生灵。

河水（今黄河）南岸，一座新筑的土城内，戍边的汉军士兵站在高高的望楼上，警惕地监视着周遭。多年来形成的作战经验告诉他们，这个时节，长城以北的匈奴生计艰难，所以急于南下，发动突袭。他们要杀向物产丰饶的中原，在边境郡县抢掠一番后，逃回茫茫草原。

一阵狂风过后，城北的天际线处飞起漫天尘土。不一会儿，黄尘落下，远处冒出来三个椭圆形的斑点。那斑点越来越大，正朝着土城逼来。

"是匈奴骑兵！"望楼上的一名士兵喊道。另一名士兵立刻转身，朝下吼道："有敌情，弓弩手就位！"

霎时，城墙上排满了弓弩手，弦张满，箭待发。

城内兵营中，众士兵下意识地穿好盔甲，操起兵戈，准备作战。而城中的长官李息已登上城墙，诧异地望着那三名驰到河对岸的匈奴，因为在他们身后未见其他敌军。

三人中间那人显然是个头领。他操着一口生硬的汉语，喊道："莫射箭，莫射箭，我有事，找守将！"

李息紧盯着他们，问道："你们是干什么的？"

"送信的。"那头领一边说，一边从怀里掏出一卷牛皮。随后，他把牛皮高举过顶，亮了出来。

李息见状，高喊道："把信射上来！"

"不行！"头领一口回绝，"事关重大，必须见守将！"

李息又问："怎知你的诚意？"

那头领不再接话，而是对着左右两人说了几句匈奴语。紧接着，三人竟将背后的弓箭和腰间匕首扔到了河里。

对方表达了诚意，李息却还有些狐疑。可是，他更想知道这三名匈奴信使的来历和信中的内容。他思量了一会儿，认为对方势单力孤，构不成威胁，便令士兵放下吊桥，打开城门，让三人入城。

不到十日，那卷牛皮信就被送到了长安（今陕西省西安市西北）皇宫，信旁附有李息的秘密奏书。

当日下午，皇宫内殿的墙上，挂着一张硕大的军用舆图。刘彻（史称"汉武帝"，公元前141年即位）站在一旁，出神地看着这张图。他仔细端详的地方正是那座土城所在的

西北边境，或许还有周边更广阔的区域。

这时，背后响起了甲胄摩擦的声音。刘彻温和地说道：“不用禀(bǐng)报了，带进来吧！”

内侍领着冠军侯霍去病进殿，然后立即退下，只剩舆图下的君臣二人。

原来，霍去病穿着一身甲胄。因不方便下跪，他向刘彻躬身行礼：“臣霍去病拜见陛下！”

刘彻没转身，问道：“为什么穿着甲来？”

霍去病说道：“回陛下，臣来之前，曾斗胆猜测，陛下派人召臣进宫，定是边关有战事！现在着甲前来，陛下如有诏令，臣可随时出征！”

刘彻笑了，好奇地问：“你怎么就知道？”

霍去病解释道：“今日中午，臣在家中听到街上传来一阵急促的马蹄声，接着又听见百姓的叫骂声。这定是边关来的驿卒骑马撞倒了百姓。相比郡县来的驿卒，边关的驿卒往往带着紧急军情，因此抽打马鞭更加频繁，更加用力，所以马跑得也快，沿街撞倒百姓是常事。”

古代常识

舆图

地图，通常指疆域图。

"好一个骠骑将军！"刘彻赞了一句才转身，高兴地说道，"对战骑之事这般谙熟，难怪你能将骑兵部队的战斗力发挥到极致！去，看看书案上匈奴的牛皮信和李息的奏书。"

"诺！"霍去病走到书案旁，先后拿起两份文件，仔细地看了起来。

原来，李息收到的是匈奴浑邪王的信。信中说，浑邪王所部屡次败于汉军，损兵折将数万人。单于大怒，有诛杀浑邪王之意。浑邪王闻讯后，欲联合休屠王所部一同降汉。

"你觉得，浑邪王投降一事可信吗？"待霍去病看完，刘彻突然问道。

延伸阅读

年少得志的霍去病

武帝的卫皇后有个姐姐，名叫少儿。霍去病是少儿的儿子。十八岁时，霍去病为剽姚校尉，随大将军卫青出击匈奴，率八百骑兵，孤军深入，立下奇功，封冠军侯。元狩二年（公元前121年）春，他任骠骑将军，兵出陇西（今甘肃省临洮县南），大破浑邪王所部，获休屠王祭天金人。

地理扩展

河西走廊

在黄河之西，故名。河西走廊南达祁连山，北至合黎山和龙首山，东界乌鞘岭，东西长约1000千米，南北宽约数千米至100多千米。自古以来，这里就是中原通往新疆及中亚、西亚的要道。

霍去病走回舆图下，望着刘彻说道："陛下担心他们以投降为名，偷袭边关？"

"朕有这个顾虑，"刘彻叹道，"对方毕竟与我大汉为敌数十年了。"他沉默了一会儿，又说道："招降匈奴浑邪、休屠两部的事情交给你去办。你该明白，朕想要的不仅是那些投降的匈奴部众。"

"臣明白，陛下更想要他们的土地。"霍去病又猜对了。

"长期以来，匈奴在这里对我大汉形成压制，我们只能疲于应付。只有彻底打通这里，才能解除大汉受到的威胁。"刘彻一边说，一边指向舆图上一处狭长的地方。那里正是被后世称为"河西走廊"的地区。

为了招降一事，君臣二人足足商议了几个时辰。几日后，霍去病便率领军队以及三万辆载着赏赐品的车出发了。

西北草原某处，霍去病带着十几名骑兵渡过河水，按照约定的时间，勒马等候浑邪、休屠二王及他们的部众。

这时，一名汉军骑兵从远处飞奔而来，同时在马背上有规律地挥舞着两支小旗。他的旗语是，有大队匈奴正往这里赶来。

一会儿，果然有大批匈奴出现在霍去病的视野中。

本来，浑邪、休屠二王各有自己的部众。但是，远处的匈奴却合为一队，越走越近。这是怎么回事？

这时，匈奴队伍前进的速度慢了，其中一些人改了主意，开始往后撤。

"不好，要哗变！吹号角！"霍去病说完，双腿一夹马肚，急速冲到对面的匈奴人群里，他的目的是找到浑邪王。

十几名汉军骑兵赶紧跟了上去。与此同时，周边埋伏的数万汉军骑兵已将这队匈奴团团包围。

在人群中，浑邪王望见一名年轻将军飞驰而来。两人虽未曾谋面，浑邪王也猜得出，此人便是前来接洽的霍去病。这位十八岁（元朔六年，公元前123年）受封冠军侯、二十岁（元狩二年，公元前121年）任骠骑将军的年轻人，能征善战之英名已传遍草原各部！

现在，骠骑将军就在不远处，浑邪王怀着敬畏的心情驱马上前。

"浑邪王，这些都是你的部众吗？休屠王呢？"霍去病问道。

浑邪王不会说汉话，他的身边人便为他翻译。原来，浑邪王杀了休屠王，吞并了对方的部众。不过，面对眼下的乱象，浑邪王也无能为力。

"你别管了！"霍去病对浑邪王说。然后，他命身边懂匈奴语的士兵大声翻译他的命令："降汉优待，顽抗严惩！"不到半个时辰，混乱的局面已得到控制。

在霍去病的努力下，大汉朝廷顺利接收了浑邪王部众。之后，刘彻将中原地区一些百姓迁往原浑邪、休屠两部生活的广袤之地，并设置酒泉（今甘肃省酒泉市）、武威（今甘肃省武威市）、张掖（今甘肃省张掖市西北）、敦煌（今甘肃省敦煌市西）四郡，正式将河西走廊纳入大汉版图。

延伸阅读

张汉臂掖

河西走廊地形狭长，霍去病贯通了这里，仿佛汉朝舒展了胳膊（掖通"腋"）。张掖郡就得名于此。

封狼居胥 {xū}

春分这日，天亮得比前几日早了些。

长安城（今陕西省西安市西北），皇宫中，大殿的两扇漆门徐徐展开，将这春分的第一缕光迎进殿内。不一会儿，大殿亮了起来。

穿过宫门，登上石阶，一众身穿朝服的将军排成左右两队。他们跨过大殿的门槛，跟着大将军卫青、骠骑将军霍去病在殿内正中跪下，向坐在御席上的刘彻施礼朝拜。

"起身，赐座。"刘彻说。

众将军听了，纷纷起身，到自己的席位上坐下。

刘彻扫视了一周，说道："今日，朕召你们来，是为出征匈奴一事。朕前几日接到密报，那叛徒赵信成了匈奴单于的谋臣，他经常说我们大汉的军队不能跨越大漠（今蒙古高原大沙漠），也没法在那里驻留。对此，你们怎么看？"

众将都知道，这赵信本是匈奴，先投汉军，后降匈奴，还将他知道的大汉军情都告诉了单于。皇帝恨匈奴恨得咬牙切齿，现在他们又蔑视汉军，任何一名曾与匈奴作战的武将都不能容忍。卫青坐在右席上首，是在场武将中职位最高的。他带头表态："陛下，匈奴以为拥有大漠屏障，就可以藐视我大汉铁骑。这一仗我们要打，而且一定能打胜！"

"不仅要打胜，更要把敌人打疼，打怕！"坐在卫青对面、左席上首的霍去病简单补充了几句，大家听来很是提气。

刘彻欣慰地笑了，然后望着其余将领，问道："列位将军，你们觉得呢？"

众将齐声答道："如大将军、骠骑将军所议！"

看到这场面，刘彻充满了信心。接着，他对卫青说："朕的意思是，你和骠骑将军各率一军，分别出击。这一仗要横扫漠北，摧毁单于王庭，让匈奴再也不敢越过长城一步！"然后，他把目光投向霍去病，以充满期待的语气说道："届时，大获全胜的消息不仅要传回朝堂，也要敬告天地！"

"臣等定不辱命！"卫青、霍去病高声答道。

　　元狩四年（公元前119年）春，卫、霍二人各领五万骑兵，分两路远征漠北，几十万步兵、转运粮草辎^{zī}重的部队紧随其后。

　　按照作战计划，霍去病所部自定襄郡（今内蒙古自治区和林格尔县西北）北上。就在卫、霍二人出兵前，有匈奴俘虏提供情报：单于在东部。刘彻知道后，立即改变原来的计划，命霍去病自代郡（今河北省蔚^{yù}县东北）出兵，卫青自定襄郡北上。

　　奔着进攻单于王庭的目标，霍去病的这支远征军士气高涨。自出征之日起，他们一路急行军，十几日后已深入漠北数百里。

　　漠北环境恶劣，多日急行军令军队颇感乏累，就连战马的蹄子都软了。

　　这一天，夜幕降临，此前派出去的几批探子陆续回来了。他们都说未曾找到匈奴大军的踪影，更别说单于王庭的所在了。

"扎营！休整！"霍去病一声令下，外围轮值守卫的队伍迅速进入警戒状态，而阵地内一顶顶营帐短时间内已全部扎好。紧接着，各营士兵进入帐中，和衣而睡。

中军大帐里，霍去病并未入睡。他盯着舆图，心思却在舆图之外——图中最北的地方是漠北，漠北之北是哪里？没人知道，因为几乎没有汉人去过那里。

整整一夜，中军大帐的灯火都没有熄灭。

第二天清晨，刚醒来的士兵还未用餐，便接到了霍去病的军令："全军集合，结圆阵，准备作战！"

尽管还没有看到敌军，但所有士兵自接到命令的那一刻起，都以最快的速度进入临战状态。

全军刚结好圆阵，脚下就感到明显的震动。这震感越来越强，伴随着万马奔腾的声音。

霍去病骑在马上，远远望去，只见正北方冲过来大队匈奴骑兵。通过其兽皮军旗的纹样，可知这是匈奴左贤王的军队。

延伸阅读

左右贤王

匈奴官名，单于之下的最高官职。单于自领中部，又设左右屠耆王，分领东西二部。匈奴尚左，通常以单于继承者担任东边的左屠耆王。"屠耆"是匈奴语"贤"的意思，汉人因此称左右屠耆王为"左右贤王"。

汉军士兵见了，都很佩服主将的先见之明，他们的心中不断涌起大战将至的兴奋感，全无惧怕之情。

匈奴骑兵冲到一箭之远时，突然停下了。随着兽皮军鼓的擂动，他们列成五个队形不算整齐的方阵，一字排开。

看来，匈奴军没有短兵相接的意思，他们打算发挥骑射的优势。若汉军前进，他们便会向后撤。若汉军撤退，他们则会进军。无论如何，他们都要与汉军保持距离，同时疯狂地射出箭雨，以消耗汉军的兵力。

"骑兵！布——锥形十阵！"霍去病马上应变。

听到主将的军令，圆阵里的骑兵迅速变阵。

"全军！后退十步！"

汉军慢慢后退，匈奴军则压了上来，并开始放箭。

"再退二十步！"

汉军继续后退，匈奴军压上的同时，其阵形已有散乱之象，而箭雨未能有效伤及汉军。

"骑兵冲锋！"

话音落下，圆阵的左侧突然打开。紧接着，汉军骑兵全部冲出来了。

这一变化来得太快，对面的匈奴军见状，都傻眼了：迎面而来的汉军骑兵是十个小军团，冲锋在前的是一营骑兵，他们身后紧跟着两营——由左至右为第二、三营，这两营身后有三营——第四、五、六营，这三营身后有四营——第七、八、九、十营。各小军团之间距离不大，仅有两骑之宽。每个小军团的阵形都是锐三角，十个军团共同组成一个锥形骑阵。

多数匈奴兵来不及搭弓射箭，汉军骑兵就已冲到近前。

通过这次冲锋，汉军将匈奴军的五个方阵切成两部分。一般来说，想要再次冲锋，骑阵需要做很大角度的转向。匈奴军准备趁此合拢，可根本赶不上汉军变阵的速度。

只见汉军骑阵三个角的三营骑兵同时变换位置：第一营补至第二营左侧，第七营补至第八、九营后中间的位置，第十营补至第三营右侧，其余各营站位不变。与此同时，所有骑兵调整马头的朝向。紧接着，军团间调整距离。这样一来，整个骑阵以极短的时间调转了"锥尖"，立时就能发动下一次冲锋！

"冲锋！"位于第五营的霍去病一声令下，汉军骑阵如一把利剑，向还未合拢的匈奴军阵切了下去。

来回冲锋了七八次，匈奴军阵完全散了。离汉军不远的地方，那面兽皮军旗在风中剧烈抖动着，旗杆旁的匈奴兵仍在擂鼓。

又一次冲锋，也是最后一次冲锋！

"李敢！"霍去病用剑指着那面兽旗，吼道，"砍倒那面旗！"

此次出征，大校李敢充任霍去病的副将。这时，他位于军阵最前面。得令后，李敢右手握着长槊，朝着那面兽旗猛冲过去。几名护旗匈奴兵扑了过来，他们一起用有力的大手死死握住槊杆。

兽旗下已经没有护兵了，李敢丢了长槊，纵马一跃，顺

> **古代常识**
>
> **槊**
>
> 古代兵器，杆比较长的矛。

势从腰后抽出长剑，对准旗杆，使出全力砍了下去。

快马如风，宝剑似电，只一下，李敢便将那面兽皮军旗砍倒了！军旗旁擂鼓的匈奴兵早就逃命去了。

看不到军旗，也听不到军鼓声，匈奴兵如鸟兽般散去，后被乘胜追击的汉军歼灭大半。

之后，霍去病率领汉军继续深入匈奴腹地。

行军数日，汉军来到了一处舆图图幅范围之外的地方，横在眼前的是一座透着神秘气息的高山。

"那是什么山？"霍去病一边问，一边望着匈奴降将复陆支和伊即靬（qián）。

复陆支观察了一会儿，用汉语答道："回将军，是狼居胥山（今蒙古国境内的肯特山），附近还有姑衍山（今蒙古国境内的汗山）。在我们匈奴眼中，它们是神圣的地方。"

伊即靬补充道："将军，再往北是像海一样辽阔的大湖，那里几乎没有任何人存在。"

霍去病听了，激动不已。他冲着身后的大军喊道："我要代陛下在这里举行封禅（shàn）之礼，向天地宣告我们的显赫战功！"

不久，霍去病登上狼居胥山祭天（"封礼"），在姑衍山祭地（"禅礼"），把得胜的消息敬告天地。

　　漠北之战，骠骑将军霍去病大破匈奴左贤王部，最远行至北海（今俄罗斯境内贝加尔湖）。而大将军卫青所部与单于主力相遇，他们包围了匈奴军。单于见不敌汉军，溃围逃遁。从此，"漠南（今蒙古高原大沙漠以南地区）无王庭"，匈奴势力大幅衰落。自刘邦建汉以来，匈奴对汉朝的威胁基本解除。